floral art **STRUCTURES** en art floral

floral art

STRUCTURES

en art floral

Muriel Le Couls
Gil Boyard
Patrick Sordoillet

stichting kunstboek

Table des matières / *Table of contents*

Préface

Le consommateur de plus en plus ouvert au monde du végétal, attend du fleuriste un travail créatif et des techniques innovantes.

De cette analyse et de notre expérience des concours et de l'événementiel, est née l'idée de réaliser des structures faites d'éléments durables, qui permettent de mettre en valeur certains végétaux de manière inattendue voire surprenante.

Ainsi, nous avons pensé, créé, assemblé et décrit chaque structure et fleurissement, afin de faire de cet ouvrage un outil du quotidien.

Qu'il soit fleuriste ou amateur passionné, le lecteur puisera l'énergie dont il a besoin pour réaliser ses propres œuvres.

Muriel Le Couls & Gil Boyard

Preface

The consumer, increasingly open to the world of plants, expects creative work and innovative techniques from the florist.

From this realisation and our experience in competitions and event organising was born the idea of creating structures composed of lasting elements, making it possible to present certain plants in an unexpected and even surprising light.

We therefore designed, created, assembled and described each structure and flowering with the intention of making this book a practical tool for everyday use.

Whether the reader is a florist or a keen amateur, he or she will draw from it the energy needed to create original works.

Muriel Le Couls & Gil Boyard

Tables

Mikado

Loofa

Tonnelle / Bower

Rocaille / Rockery

Neige / Snow

Manga

Eventail / Fan

Poulpe / Octupus

Dimensions: hauteur 10 cm / longueur 50 cm / largeur 10 cm
height 10 cm / length 50 cm / width 10 cm

Structure: Ensemble de bâtonnets colorés fixés avec des fils de colle à chaud.
Les pipettes en verre sont intégrées de la même façon.
Set of coloured short rods fixed with threads of hot melt adhesive.
The glass tubes are integrated within the structure in the same manner.

Mikado » Gil Boyard

11

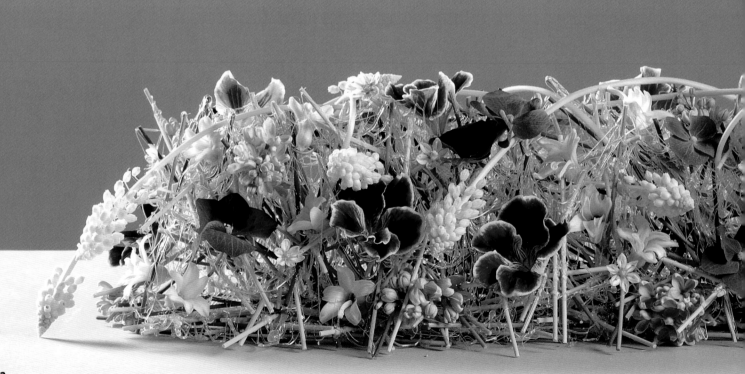

Dimensions: hauteur 35 cm / diamètre 40 cm
height 35 cm / diameter 40 cm

Structure: Loofa de 2 différentes couleurs, coupé en tranches et assemblé à la colle à chaud.
La couronne ainsi réalisée est fixée sur des pilotis avec des bâtons de mikado.
Loofa of two different colours cut in slices and assembled with hot melt adhesive.
The crown formed in this way is fixed to planted Mikado sticks.

Loofa » Gil Boyard

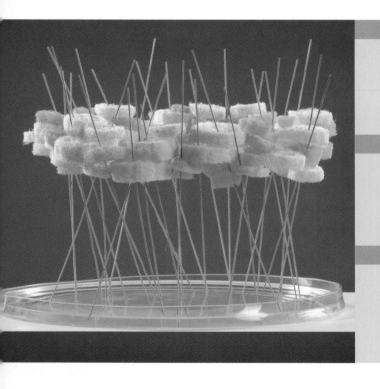

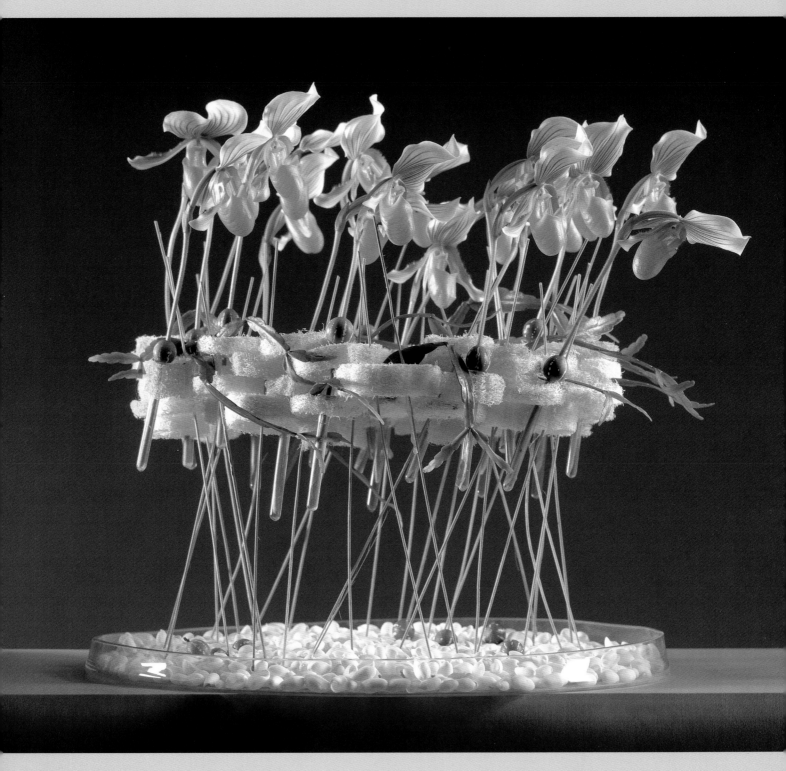

Dimensions: hauteur 40 cm / longueur 80 cm / largeur 40 cm
height 40 cm / length 80 cm / width 40 cm

Structure: Anneaux d'aubier fixés les uns à la suite des autres sur une planche recouverte d'une feuille de plomb.
Les pipettes en verre sont suspendues par des fils de laiton.
Sapwood rings set in a row and fixed to a plank covered in a sheet of led.
The glass tubes are suspended by brass wire.

Tonnelle / Bower » Gil Boyard

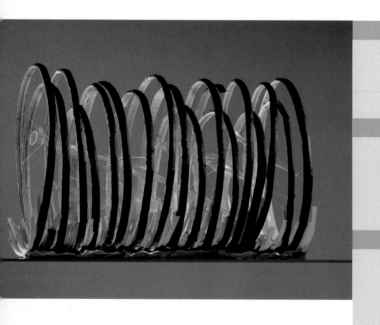

Dimensions: hauteur 10 cm / longueur 50 cm / largeur 10 cm
height 10 cm / length 50 cm / width 10 cm

Structure: Coquillages assemblés avec des pipettes en verre et des perles à la colle à chaud.
Shells, glass tubes and pearls assembled with hot melt adhesive.

Rocaille / Rockery » Gil Boyard

Dimensions: hauteur 55 cm / longueur 30 cm / largeur 30 cm
height 55 cm / length 30 cm / width 30 cm

Structure: Assemblage de branches de Mitsumata en parallèle.
Extrémités basses terminées par des billes de verre, extrémités hautes par des boules de cire.
Des pipettes en verre sont collées sur le haut de la structure.
Assembly of Mitsumata branches disposed in parallel.
Lower extremities tipped with glass marbles, upper extremities tipped with balls of wax.
Glass tubes are stuck to the top of the structure.

Neige / Snow » Muriel Le Couls

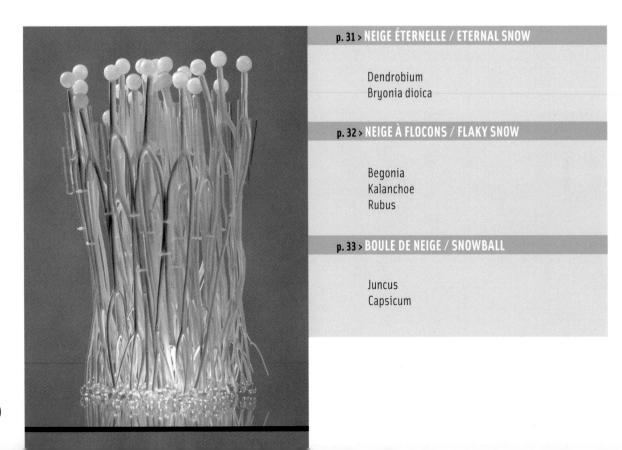

Dimensions: hauteur 60 cm / longueur 80 cm / largeur 15 cm
height 60 cm / length 80 cm / width 15 cm

Ossature: Tiges de fer soudées sur un socle, rassemblées aux extrémités.
Assemblage de pipettes en plastique à l'intérieur du contenant.
Frame: *Metal rods welded on a base joined at the ends.*
Assembly of plastic tubes inside the container.

Structure: Collage de tiges de rotin teintées sur deux faces (transparence aux extrémités de la structure).
Collage of rattan stems tinted on both sides (transparency at the extremities of the structure).

Manga » Muriel Le Couls

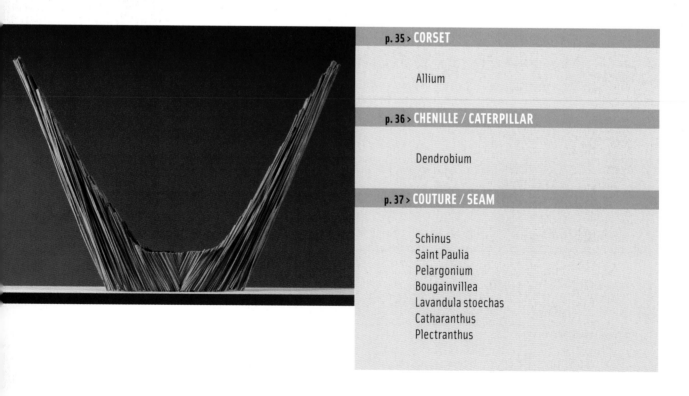

35

Dimensions: hauteur 30 cm / longueur 50 cm / largeur 10 cm
height 30 cm / length 50 cm / width 10 cm

Structure: Plaques d'ardoise percées, enfilées sur deux tiges de fer en arc de cercle (soudure de deux écrous entre chaque plaque). Structure en fil de fer accueillant une série de pipettes en verre.
Pierced slate plaques, threaded on two metal rods in an arc (two nuts are welded between each plaque)
A metal wire structure holds a series of glass tubes.

Eventail / Fan » Muriel Le Couls

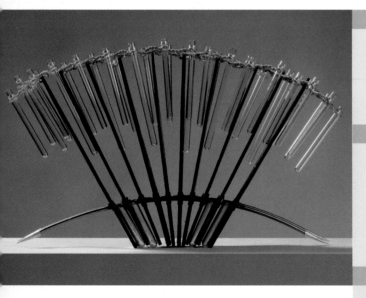

Dimensions: hauteur 20 cm / longueur 60 cm / largeur 10 cm
height 20 cm / length 60 cm / width 10 cm

Structure: Branche de dattier séchée, suspendue sur des photophores en verre en forme de pics.
Les pics et les pipettes recouvertes de sisal sont fixés à la branche par des fils de fer et de la colle à chaud.
Dried branch of date palm suspended on glass photophores in the form of spikes.
The tubes covered in sisal are fixed to the branch by metal wire and hot melt adhesive.

Poulpe / Octupus » Gil Boyard

Buffet

Cannelle / Cinnamon

Chandelier / Candleholder

Gazon / Lawn

Calice / Chalice

Acidulé / Acidulated

Etoile de Noël / Christmas star

Tornade / Tornado

Dimensions: hauteur 70 cm / longueur 50 cm / largeur 30 cm
height 70 cm / length 50 cm / width 30 cm

Structure: Des tiges de fer pliées en U sont plâtrées dans le contenant.
Les bâtons de cannelle sont enfilés sur ces tiges.
Les pipettes en verre sont maintenues sur l'ensemble par du fil à bonsaï or.
Metal rods folded into U-shapes are plastered into the container.
The cinnamon sticks are threaded onto these rods.
The glass tubes are fixed to the rest of the structure by means of gold bonsai wire.

Cannelle / Cinnamon » Gil Boyard

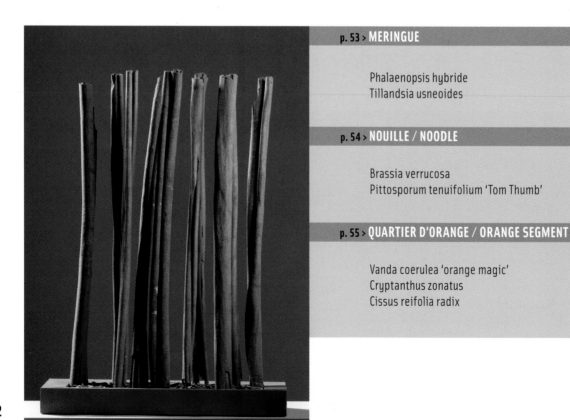

Dimensions: hauteur 140 cm / longueur 90 cm / largeur 20 cm
height 140 cm / length 90 cm / width 20 cm

Structure: Tiges de fer soudées sur un socle triangulaire. Ensemble surplombé de deux niveaux
en arc de cercle, l'un supportant des pipettes en verre, l'autre des candélabres en verre et zinc.
Metal rods welded to a triangular base. Two overhanging levels in an arc.
One supporting glass tubes, the other candleholders composed of glass and zinc.

Chandelier / Candleholder » Muriel Le Couls

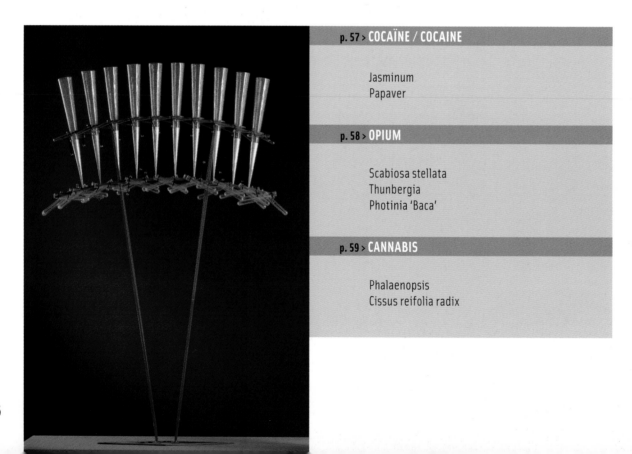

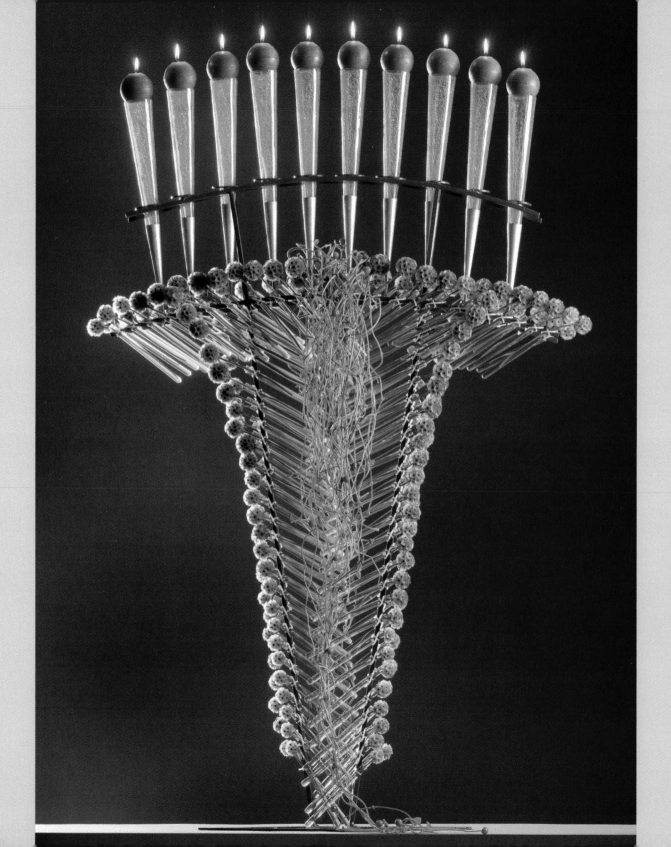

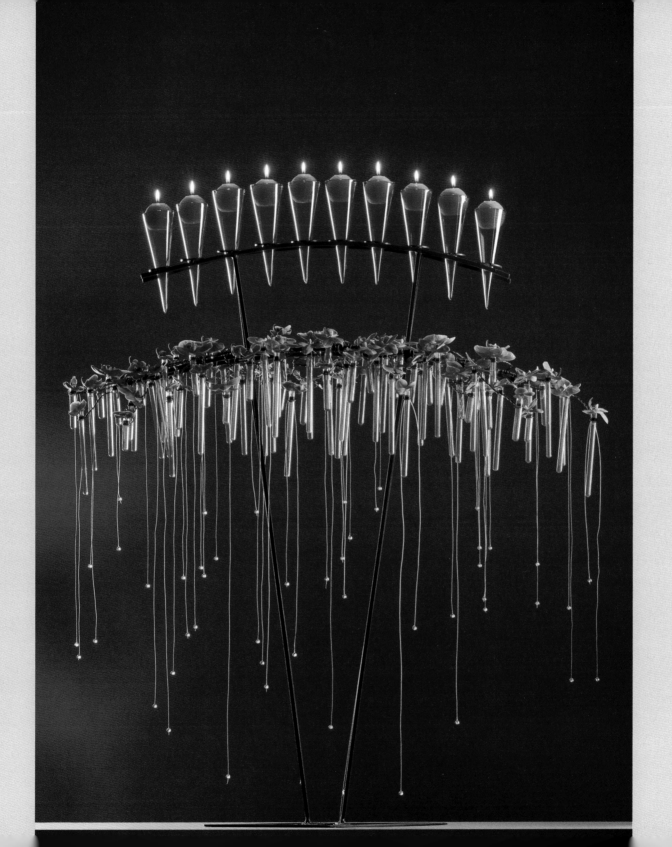

Dimensions: hauteur 90 cm / longueur 80 cm / largeur 60 cm
height 90 cm / length 80 cm / width 60 cm

Ossature: Tiges de fer soudées en deux rectangles assemblés par deux autres tiges au centre.
Frame: Metal rods welded into two rectangles, held together by two other rods in the centre.

Structure: Mélange de différents rotins teintés, ligaturés 'recto/verso' sur l'ossature.
Mikado horizontal en rotin vert traversant le sommet de la structure.
Support en fil de cuivre accueillant une rangée de pipettes en verre, placé au dessus du mikado.
Finition des deux extrémités avec un filet de colle chaude brillante.
Mixture of different tinted rattans tied on both sides to the frame.
Horizontal Mikado made of green rattan crossing through the top of the structure.
Copper wire support holding a row of glass tubes, placed over the Mikado.
Extremities finished with a trickle of shiny hot melt adhesive.

Gazon / Lawn » Muriel Le Couls

Dimensions: hauteur 60 cm / longueur 45 cm / largeur 15 cm
height 60 cm / length 45 cm / width 15 cm

Structure: L'ossature est un vase en verre prolongé par du grillage fin.
Des bâtons de mikado colorés de différentes tailles sont disposés et maintenus les uns aux autres et à l'ossature
par des fils de colle à chaud.
Les pipettes en plastique sont intégrées à l'ensemble de la même façon.
The frame is a glass vase prolonged by a fine wire mesh.
Coloured Mikado sticks of different sizes are arranged and attached together and to the frame by threads of hot melt adhesive.
The plastic tubes are set within the structure in the same way.

Calice / Chalice » Gil Boyard

Dimensions: hauteur 80 cm / longueur 60 cm / largeur 35 cm
height 80 cm / length 60 cm / width 35 cm

Ossature: Eventail de tiges de fer maintenues par une base triangulaire (soudure aux électrodes).
Frame: Fan of metal rods held by a triangular base (welding on electrodes).

Structure: Assemblage en forme d'éventail, tiges de rotin ligaturées avec un fil de cuivre 'zigzag'.
Ensemble traversé de part et d'autre par des tiges de rotin, autobloquées par une perle.
Pipettes en verre insérées dans des cercles de plexiglas fixés au sommet de la structure. Perles en verre collées sur la base triangulaire.
Fan-shaped assembly, rattan stems tied with 'zigzagging' copper wire. Rattan stems tipped by pearls run through the composition.
Glass tubes inserted in plexiglas circles are fixed to the top of the structure. Glass pearls are stuck to the triangular base.

Acidulé / Acidulated » Muriel Le Couls

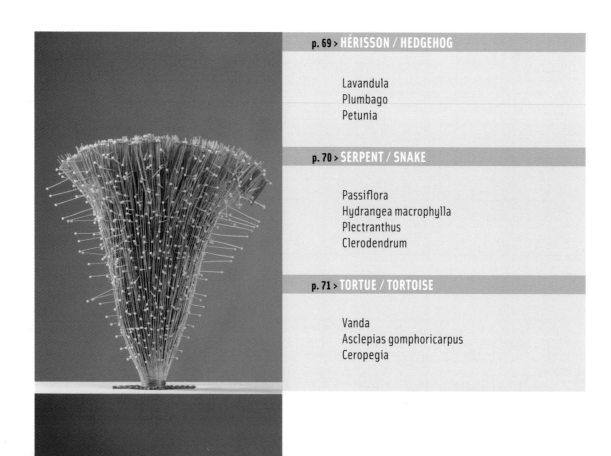

Dimensions: hauteur 10 cm / longueur 50 cm / largeur 10 cm
height 10 cm / length 50 cm / width 10 cm

Structure: Ensemble maintenu par une tige de fer enfoncée dans l'étoile en bois brut.
La tige de fer est maintenue dans la corne de buffle par du plâtre.
Composition held by a metal rod planted in a wooden star.
The metal rod is held in the buffalo horn with plaster.

Etoile de Noël / Christmas star » Gill Boyard

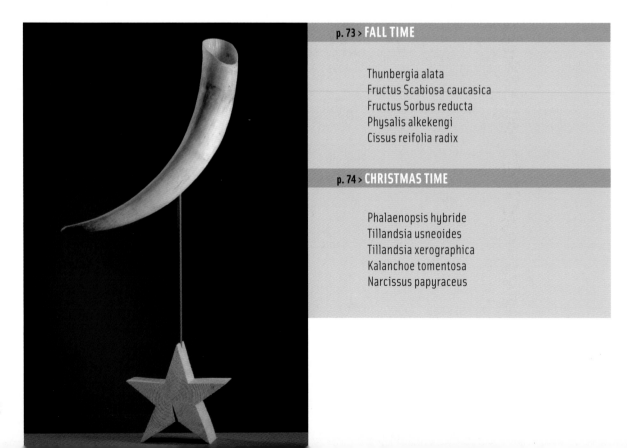

72

Dimensions: hauteur 100 cm / longueur 40 cm / largeur 40 cm
height 100 cm / length 40 cm / width 40 cm

Ossature: Cône en fer soudé sur un socle.
Frame: Metal cone welded to a base.

Structure: Cône recouvert de lianes, ensemble teinté cuivre.
Support en fil de cuivre (forme cercle) accueillant trois rangées de pipettes en verre.
Boule de feuilles 'Squelet' épinglées, travaillées en écaille.
Cone covered by creepers, the whole is copper tinted.
Copper wire support (forming a circle), holding three rows of glass tubes.
Ball of 'Squelet' leaves assembled in a scale pattern.

Tornade / Tornado » Muriel Le Couls

Hall

Tentacule / Tentacle

Mobile

Réglisse / Liquorice

Clepsydre

Predator

l'arbre / Tree

Chameau / Camel

Dimensions: hauteur 140 cm / longueur 80 cm / largeur 60 cm
height 140 cm / length 80 cm / width 60 cm

Structure: Ossature de tiges de métal soudées sur une base ronde en métal également.
Du grillage est disposé sur l'ossature pour donner la forme à l'ensemble.
Le tout est recouvert de bâtons de mikado de couleurs fixés avec des fils de colle chaude.
A frame composed of metal rods welded to a circular metal base.
Wire mesh is placed on the frame to produce the shape.
The structure is covered in coloured Mikado sticks glued to it with threads of hot melt adhesive.

Tentacule / Tentacle » Gil Boyard

p. 83 > HIVER / WINTER

Platycerium
Cymbidium
Craspedia

p. 84 > ÉTÉ / SUMMER

Rosa 'Ilios'
Rubus fructicosa
Asparagus meteola

p. 85 > AUTOMNE / AUTUMN

Anigozanthos hybride 'Bush gold'
Pennisetum setaceum
Oncidium hybride
Fructus Scabiosa caucasica
Pennisetum
Cissus reifolia radix

Dimensions: hauteur 200 cm / longueur 50 cm / largeur 25 cm
height 200 cm / length 50 cm / width 25 cm

Structure: Une branche de bouleau peinte est fixée dans un bloc de béton.
Une tige de plexiglas vert fluo la traverse et soutient une branche de dattier teintée.
L'équilibre est obtenu avec les noix de Banksia qui servent de contrepoids.
A branch of painted birch is fixed to a concrete block.
A green fluorescent plexiglas rod goes through and supports a tinted date palm branch.
The balance is obtained with Banksia nuts that serve as a counterweight.

Mobile » Gil Boyard

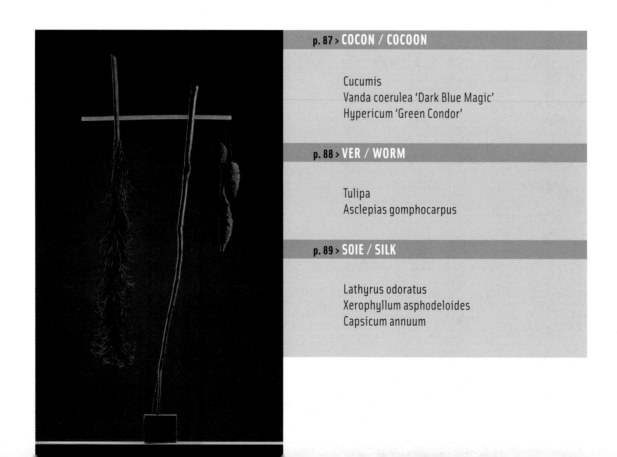

89

Dimensions: hauteur 220 cm / longueur 50 cm / largeur 50 cm
height 220 cm / length 50 cm / width 50 cm

Structure: Une tige de fer est enfoncée dans la liane du Brésil et repose dans un bloc de béton.
La structure verte est un crash technique de fil à bonsaï.
La structure rose est un grillage reconstitué par des pailles cocktail en plastique dans lesquelles sont glissés des fils de fer.
A metal rod is planted through a Brazilian liana and set in a concrete block.
The green structure is produced with bonsai wire.
The pink structure is a wire mesh composed of plastic cocktail straws threaded with metal wires.

Réglisse / Liquorice » Gil Boyard

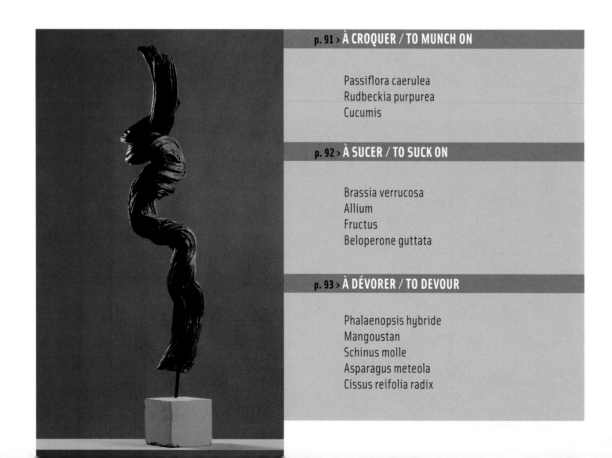

Dimensions: hauteur 220 cm / longueur 60 cm / largeur 30 cm
height 220 cm / length 60 cm / width 30 cm

Ossature: Tiges de fer soudées, formant deux cônes inversés.
L'ensemble de la structure est maintenu par une tige de fer soudée sur une plaque.
Frame: *Welded metal rods forming two inversed cones.*
The whole structure is held together by a metal rod welded to the plaque.

Structure: La partie haute du cône est recouverte de rotin teinté, la partie basse d'Astronium graveolens.
Les deux extrémités sont cerclées de pipettes en verre.
The top part is covered in stained rattan, the lower part in Astronium graveolens.
The two extremities are circled by glass tubes.

Clepsydre » Muriel Le Couls

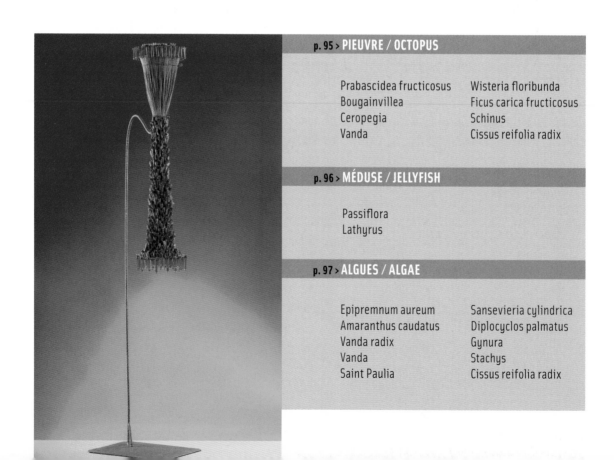

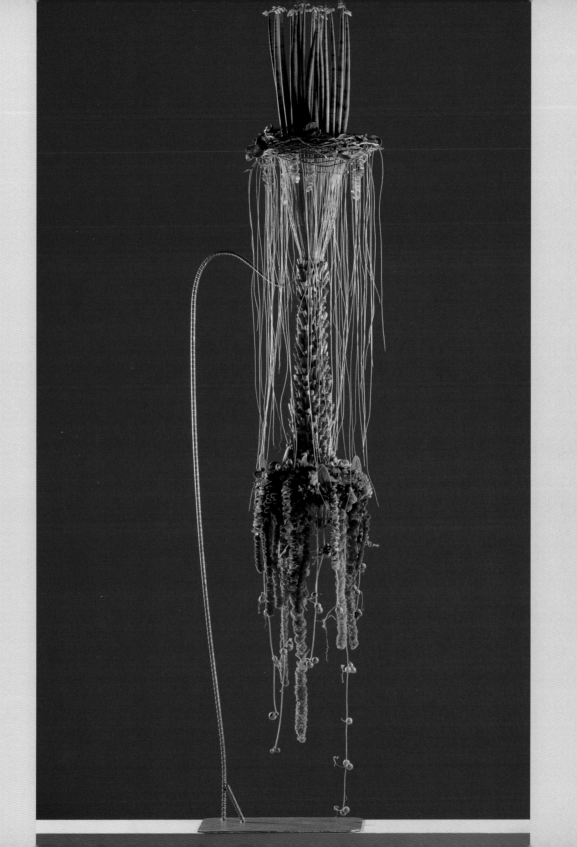

Dimensions: hauteur 230 cm / longueur 90 cm / largeur 30 cm
height 230 cm / length 90 cm / width 30 cm

Ossature: Fils de fer assemblés en croix, recouverts de double face. Ensemble maintenu par une tige de fer mise en forme et soudée sur un socle.
Frame: *Metal wire assembled in a cross, covered on both sides. The whole is held together by a shaped metal rod welded to a base.*

Structure: Partie haute recouverte de lamelles de bois teintées (travail en écailles).
Espaces intérieurs bordés de plumes vertes.
Pipettes en verre cerclant le haut de la structure.
Racines de Cissus ligaturées autour de la tige de fer, maintenant l'ensemble.
Top part covered in tinted wood strips (scale pattern).
Lower spaces lined with green feathers.
Glass tubes circling the top of the structure.
The whole is held together by tied Cissus roots around the metal rod.

Predator » Muriel Le Couls

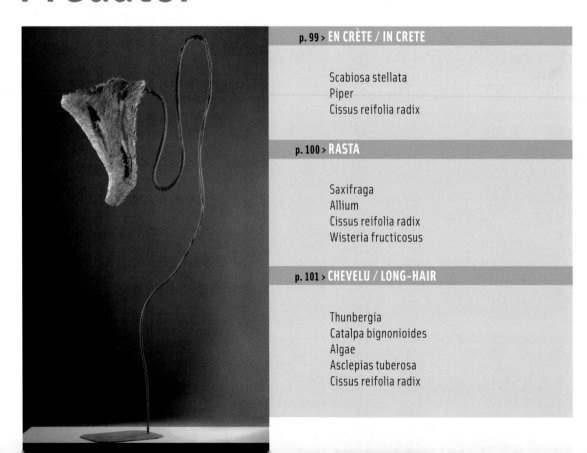

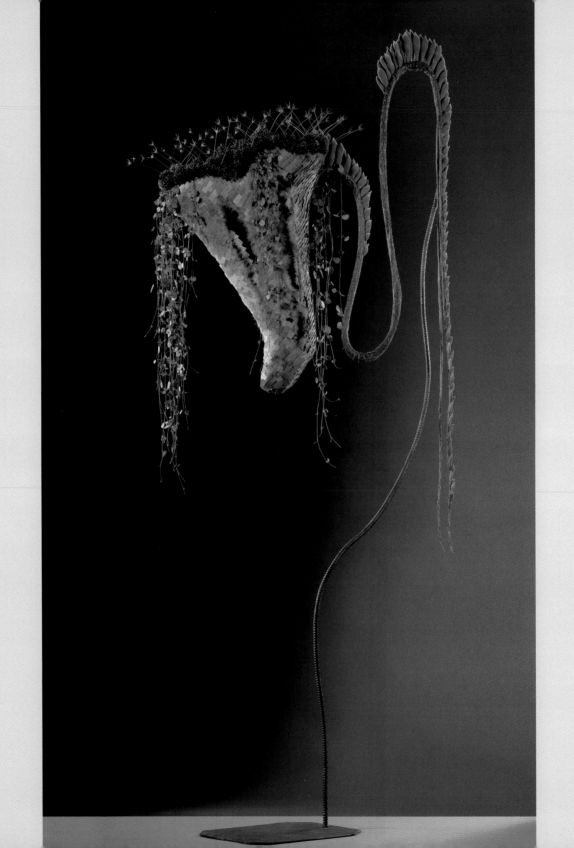

Dimensions: hauteur 250 cm / longueur 140 cm / largeur 80 cm
height 250 cm / length 140 cm / width 80 cm

Ossature: Tiges de fer soudées sur un trépied.
Assemblage de tiges de fer formant une vasque fixée sur le pied.
Frame: *Metal rods welded to a tripod.*
Assembly of metal rods forming a bowl, fixed to the stand.

Structure: Alternance de gousses d'Entada du bas vers le haut pour former le pied (fixation avec des fils de fer).
Joints entre les gousses: mastic couleur terre. Assemblage aéré de branches d'Actinidia autour de la structure en forme de vasque.
Fixation de pipettes en verre sur le haut de la structure.
Alternating Entada pods from the bottom towards the top form the stand (fixed with wire).
Filling between the pods: earth-coloured putty. Aerated assembly of Actinidia branches around the bowl-shaped structure.
Glass tubes fixed at the top of the structure.

L'arbre / Tree » Muriel Le Couls

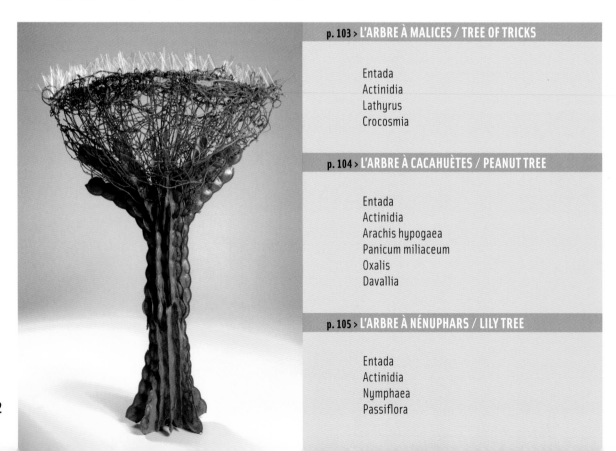

Dimensions: hauteur 160 cm / longueur 110 cm / largeur 60 cm
height 160 cm / length 110 cm / width 60 cm

Ossature: Tiges de fer soudées, recouvertes de grillage pour obtenir la forme.
Frame: *Welded metal rods are covered in wire mesh to obtain the shape.*

Bougeoirs: Assemblage de deux tiges de fer traversant la structure.
Socle de fer accueillant une bougie. Bougeoirs accessoirisés par du fil de cuivre et des perles.
Candlesticks: *Assembly of two metal rods crossing the structure.*
Metal base holding one candle. Candlesticks accessorized with copper wire and pearls.

Structure: Modelage de bandes plâtrées recouvrant la totalité de la structure.
Structure étanche en fibre de verre et résine.
Teinture de l'ensemble à la cire cuivrée.
Crêtes de pipettes en verre traversant la structure.
Model made with plaster strips covering the entire structure.
Is made of watertight material of the structure: glass fibre and resin.
The whole is coloured by copper-tinted wax.
Glass tube tops crossing through the structure.

Chameau / Camel » Muriel Le Couls

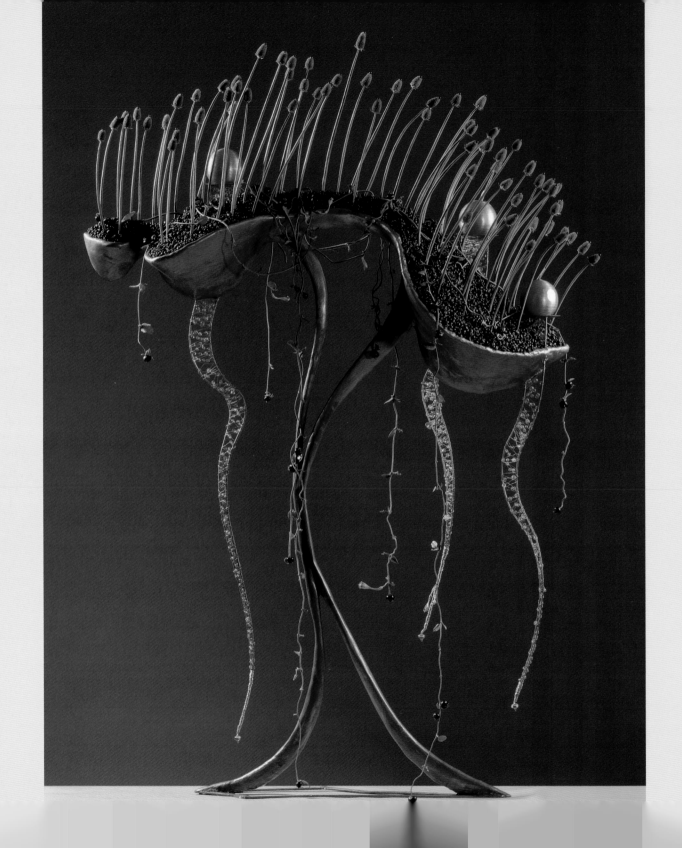

Biographie

Diplômes (Formation traditionnelle Fleuriste)
Certificat d'Aptitude Professionnelle fleuriste 1985
Brevet Professionnel Fleuriste 1989
Diplômes (Formation pédagogique)
Diplôme de Formateur en Alternance 1997

Prix nationaux et internationaux:
• Premier Prix Coupe de Paris 1989 et 1990
• Médaille d'or au Championnat d'Europe par équipe
  à Monselice (Italie) 2003
• Meilleur Ouvrier de France 2004

Principales activités professionnelles:
• De 1983 à 1985: apprentissage en province
• De 1987 à 1994: fleuriste dans différentes grandes
  entreprises parisiennes
  Spécialités: décor de stand, événementiel.

Depuis 1995: Formateur
Spécialités: formation aux examens,
préparation aux concours,
cours et démonstrations pour fleuristes et formateurs,
démonstrateur international: cours et démonstrations,
formation de formateurs

Références:
• Membre de l'équipe de France
• Assistant Coupe d'Europe: Salamanque (Espagne) septembre 2003
• Assistant Coupe du Monde: Melbourne (Australie) septembre 2004
• Jury aux examens et concours

Parutions:
International Annual of Floral Art
Fleurs de France
Le Messager Interflora
Nacre
Informations Fleuristes
Mastrofioristi News
Flowers

Biography

Diplomas (Traditional training as a florist)
Vocational Training Certificate 1985
Technical Certificate 1989
Diplomas (Teacher training)
Diploma in Apprenticeship Training 1997

International and National Prizes:
• First Prize Coupe de Paris 1989 and 1990
• Gold Medal in the European Team Championship
  in Monselice (Italy) 2003
• Meilleur Ouvrier de France 2004 (Best Craftsman of France)

Main professional activities:
• From 1983 to 1985: apprenticeship in French province
• From 1987 to 1994: florist for a number of well established
Parisian companies.
Specialities: stand decoration, event organising

Since 1995: Trainer
Specialities: preparation for exams,
preparation for competitions,
courses and demonstrations for florists and trainers,
international demonstrator: courses and demonstrations,
teacher training

References:
• Member of the French national team
• Assistant European Cup: Salamanca (Spain) September 2003
• Assistant World Cup: Melbourne (Australia) September 2004
• Exam and competition juries

Articles published in:
International Annual of Floral Art
Fleurs de France
Le Messager Interflora
Nacre
Informations Fleuristes
Mastrofioristi News
Flowers

Muriel Le Couls

Gil Boyard

Biographie

Etudes secondaires scientifiques
Brevet Professionnel Fleuriste en 2000
Médaille d'or Coupe des Fleuristes d'Ile de France en 2003
Prestige d'Argent Hortiflor en 2003
Finaliste Coupe de France en 2003
Un des Meilleurs Ouvriers de France en 2004

Nombreuses publications dans la presse professionnelle

Membre du Groupe d'Art Floral Interflora depuis 2004: dispense des cours, participe à des démonstrations, à des shows floraux et à de nombreux jurys de concours nationaux et internationaux

Reprend l'entreprise de Jean-Michel Mertens (Meilleur Ouvrier de France et Champion du Monde des Fleuristes) en 2005

Biography

Studied science in secondary school
Florist technical school certificate in 2000
Gold Cup of the Florists of the Ile de France in 2003
Hortiflor Silver Prestige in 2003
Finalist of the French Cup in 2003
One of the Meilleurs Ouvriers de France (Best Craftsmen of France)

In 2004: Numerous publications in the professional press

Member of the Groupe d'Art Floral Interflora since 2004: he teaches and takes part in demonstrations, floral shows and sits on many national and international competition juries

Took over the company of Jean-Michel Mertens (Meilleur Ouvrier de France – Best Craftsman of France – and world floral design champion) in 2005

Biographie

Photographe portraitiste avant tout, j'ai pu aborder au cours de douze années de pratique toutes les facettes de ce métier, du reportage à la nature morte. Avec le recul, c'est surtout le travail en équipe qui se révèle le plus intéressant. Partager, échanger permet d'aller toujours un peu plus loin qu'un travail en solitaire. Lorsque Gil et Muriel m'ont proposé de faire ce livre avec eux, j'ai bien sûr accepté, d'abord parce que le sujet était intéressant et jamais encore traité de cette manière-là, et aussi parce que c'était une nouvelle expérience, aussi bien pour eux que pour moi.
Dans cette optique-là, nous ne voulions pas faire un énième livre sur des compositions florales mises en situation dans des intérieurs très 'déco'. Le choix du studio nous a donc permis de nous concentrer sur l'essentiel: travail sur la couleur, harmonisation des fonds avec les structures. Tons sur tons, aplats légèrement dégradés, camaïeux, tout cela apparaît par une mise en lumière en clair-obscur, ajustée précisément pour révéler les réalisations de Gil et de Muriel. Ainsi, le fond s'efface, presque immatériel, et la lumière ne souligne plus que l'agencement extrêmement minutieux et savant des végétaux.

Biography

In twelve years of practice as a portrait photographer, first and foremost, I have had the opportunity to approach all the facets of the job, from the report to the still life. With hindsight, I can say that team work is what I find most interesting. Sharing and exchanging allows you to go further than when you work alone. When Gil and Muriel proposed we make this book together, I of course accepted mainly because the subject was interesting and had never been done in this way but also because it was a new experience, for them as well as for me.
Bearing this in mind, we were not out to produce yet another book on floral compositions set in highly "decorative" interiors. The choice of a studio enabled us to concentrate on the essentials: colour, harmonisation of backgrounds and structures. Matching tones, subtly layered flat tints and monochromes all appear through a chiaroscuro lighting precisely adjusted to reveal Gil and Muriel's compositions. Thus, the background withdraws, almost immaterial, and light serves to underscore the meticulous and savant arrangement of plants.

Patrick Sordoillet

Auteurs / *Authors*
Gil Boyard
SAS J.M.M.
207, avenue du Général Leclerc
F-94700 Maisons Alfort
Tel.: 0033 1 43 53 02 00
Fax: 00331 43 53 03 49
Site: www.gilboyard.com
E-mail: contact@gilboyard.com

Muriel Le Couls
5, rue Auguste Neveu
F-92500 Rueil Malmaison
Tel.: 0033 6 07 53 38 04
Fax: 0033 1 47 08 10 24
mlecouls@wanadoo.fr

Patrick Sordoillet
89, rue Victor Hugo
F-92800 Puteaux
GSM: 0033 660 919 232
Tel.: 0033 9 50 50 10 72
Site: www.patricksordoillet.com
E-mail: patrick@patricksordoillet.com

Rédaction finale / *Final editing*
Femke De Lameillieure, Eva Joos, An Theunynck

Traduction / *Translation*
Paul Belle, Fontaine sous Jouy (F)

Mise en pages & impression / *Lay-out & print*
Graphic Group Van Damme, Oostkamp (B)

Une édition de / Published by
Stichting Kunstboek bvba
Legeweg 165, B-8020 Oostkamp
Tel.: 0032 50 46 19 10
Site: www.stichtingkunstboek.com
E-mail: info@stichtingkunstboek.com

ISBN: 978-90-5856-227-2
D/2007/6407/04
NUR: 421

Muriel remercie chaleureusement ses fournisseurs
Muriel warmly thanks her suppliers:
Jean-Philippe & Jean-Yves, Penja
Madame Caze, Feuillages Corréziens
Philippe, Fleurassistance Pascale Denain,
Interflora France

Ses assistants / *Her assistants:*
Audrey Cayon, Aurélie Dubois, Jacques Castagné,
Ylann Le Couls (photo), Mélanie, Aude,
Sébastien & Shika

Gil remercie chaleureusement ses partenaires
Gil warmly thanks his partners:
Karine Bergaut & Pete Van Duin, Hortipole Van Duin
Pascale Denain, Interflora France

Ses assistants / *His assistants:*
Nicolas Rosière, Julien Heuber, Olivier Gental,
Franck, Leslie & Charline